Género Ficción realista

Pregunta esencial

¿En qué se parecen y en qué se diferencian las familias en todo el mundo?

Año Nuevo en septiembre

Diego Kochmann
ilustrado por Mónica Peña

Capítulo 1
El sábado, al cine 2

Capítulo 2
Costumbres muy interesantes 6

Capítulo 3
Las fiestas son divertidas 11

Respuesta a la lectura 16

LECTURA COMPLEMENTARIA La noche de fin de año 17

Enfoque: Estudios Sociales 20

CAPÍTULO 1

El sábado, al cine

David tiene una casa grande e invitó a sus amigos.

En el patio hay dos aros de básquetbol. A todos les gusta jugar al básquetbol.

Como son ocho niños, arman dos equipos de cuatro jugadores. Corren y se divierten mucho.

Hace mucho calor y están cansados. Por suerte llega la mamá de David con ocho vasos.

—¿Quién quiere limonada? —pregunta.

—¡Yoooo! —contestan todos felices.

Enseguida corren a sentarse bajo un árbol. Beben sus limonadas a la sombra.

Laura dice que el sábado podrían ir al cine.

—Podemos ver *Murmullos en la noche* —dice Pablo.

Algunos dicen que esa película es de suspenso.

—*Retumban las montañas* —sugiere Lian—. Es una película de aventuras.

Los niños se entusiasman con la idea, pero David dice que no podrá ir. Ese día es el Año Nuevo judío.

CAPÍTULO 2
Costumbres muy interesantes

David les cuenta a sus amigos que el Año Nuevo judío es en septiembre.

—Además, nosotros contamos los años de manera diferente.

A los niños les interesa lo que cuenta David. Quieren saber más. Él dice que para la cena se encienden velas. Las velas se colocan sobre la mesa.

David cuenta que esa noche se comen alimentos dulces. Uno de los más comunes es la manzana con miel.

—¡Qué rico! —dicen sus amigos.

A David le encanta esta fiesta porque se reúne toda la familia. Y él recibe muchos besos y abrazos.

Detective del lenguaje

¿Qué oración exclamativa encuentras en esta página? ¿Cómo la reconoces?

Lian también les cuenta algunas costumbres de su familia.

—China es un país muy lejano. El idioma es muy diferente.

Lian y su familia viven a mucha distancia de donde nacieron sus abuelos. Pero mantienen su cultura y sus costumbres.

—El Año Nuevo chino es en febrero —dice Lian.

Los niños lo escuchan con atención.

También les dice que antes de la fiesta limpian muy bien la casa.

Luego la decoran con adornos de color rojo. El color rojo trae buena suerte.

—También nosotros comemos cosas ricas —dice Lian—. Pasteles de arroz dulce, camarones y mucho pescado.

Pero lo que más le gusta a Lian son unas bolitas de carne. Sus amigos quieren probarlas. Él les dice que los invitará para las próximas fiestas.

—¡¡Síííí!! —se alegran todos.

CAPÍTULO 3

Las fiestas son divertidas

Paul dice que en su familia también celebran el fin de año.

La fiesta dura siete días y se divierten mucho.

Las mujeres usan vestidos muy coloridos. Sobre la mesa se encienden siete velas.

Kate cuenta que su abuela nació en Irlanda. En ese país las fiestas son muy alegres. Las calles tienen muchos adornos y luces. Hay un árbol de Navidad muy grande en la plaza. Tiene una estrella en la punta.

—En México, la gente camina por la calle de noche —dice Pedro—. En el cielo se ven luces de todos los colores. Amarillas, rojas, verdes y azules.

—¡Qué lindo! —dicen sus amigos.

Detective del lenguaje	Las oraciones terminan con un punto (.). ¿Qué oración termina con un signo de puntuación diferente y por qué?

Tom dice que el año anterior pasó la Navidad en Brasil.

Esa noche hacía mucho calor y comió frutas a la orilla del mar. El mar era de aguas azules.

Los niños terminan sus limonadas. Siguen hablando bajo el árbol.

Dicen que las fiestas son parecidas en algo: toda la familia se reúne para festejar. Y eso es lo más importante de las fiestas.

David dice que puede ir al cine el sábado siguiente.

Entonces, entre todos organizan la salida para ese día.

Respuesta a la lectura

Resumir

Usa detalles importantes para resumir *Año Nuevo en septiembre*.

Personaje	Ambiente	Sucesos

Evidencia en el texto

1. ¿Cómo sabes que *Año Nuevo en septiembre* es ficción realista? **Género**
2. ¿Por qué David no puede ir al cine el sábado? **Personaje, ambiente, sucesos**
3. ¿Cuál es la raíz de la palabra *nació* en la página 12? **Raíces de palabras**
4. Escribe sobre las distintas maneras de celebrar el Año Nuevo. **Escribir sobre la lectura**

Género Texto expositivo

Compara los textos

Lee acerca de cómo celebran el Año Nuevo las familias que viven en distintos países.

La noche de fin de año

El Año Nuevo se celebra de diferentes maneras. Cada cultura tiene su modo de celebrarlo. En España, las personas comparten dulces. A la medianoche del 31 de diciembre, comen doce uvas. De ese modo, tendrán doce meses de dulzura. Un mes por cada uva.

(l) Sylvain Sonnet/Photographer's Choice/Getty Images, (r) Image Source/Alamy

En Escocia, todos se reúnen para cantar. La primera persona que llega después de la medianoche debe traer un regalo. Puede ser pan o un trozo de carbón. La tradición dice que si lo hace, habrá comida y calor en la casa todo el año.

(t) Sylvain Sonnet/Photographer's Choice/Getty Images, (b) Alan Hicks/The Image Bank/Getty Images

En Ecuador, la gente hace un espantapájaros. Lo decoran con una máscara y escriben las cosas que han hecho mal. Luego, atan la lista al espantapájaros y a la medianoche le prenden fuego. De este modo queman los errores pasados. Y una nueva vida comienza.

Haz conexiones

¿De qué maneras se celebra el Año Nuevo? **Pregunta esencial**

Compara el Año Nuevo de David con otra tradición de Año Nuevo que conozcas. **El texto y otros textos**

(l) Ivan Kashinsky/Alamy Stock Photo, (r) Sylvain Sonnet/Photographer's Choice/Getty Images

Enfoque:

Estudios Sociales

Propósito Describir lo que tu familia hace en las fiestas especiales

Paso a paso

Paso 1 Comenta a un compañero o compañera lo que hace tu familia en Año Nuevo o en otro momento especial.

Paso 2 Haz un dibujo que muestre las cosas especiales que ves o que haces.

Paso 3 Rotula las cosas que has dibujado. Rotula las cosas especiales que ves o que haces.

Paso 4 Presenta tu dibujo a la clase. ¿Quién hace las mismas cosas que tú? ¿Quién hace cosas diferentes?